MUSÉE DES ARTS DÉCORATIFS

PALAIS DE L'INDUSTRIE

(PORTE 7)

EXPOSITION DE PEINTURE

ET

SCULPTURE MODERNE

DE

DÉCORATION ET D'ORNEMENT

(DEUXIÈME SÉRIE)

Prix : 75 centimes.

PARIS

Imprimerie de la *Société anonyme de Publications périodiques*
13, QUAI VOLTAIRE, 13

M DCCC LXXXI

EXPOSITION DE PEINTURE

ET

SCULPTURE MODERNE

DE

DÉCORATION ET D'ORNEMENT

MUSÉE DES ARTS DÉCORATIFS
PALAIS DE L'INDUSTRIE
(PORTE 7)

EXPOSITION DE PEINTURE

ET

SCULPTURE MODERNE

DE

DÉCORATION ET D'ORNEMENT

(DEUXIÈME SÉRIE)

Prix : 75 centimes.

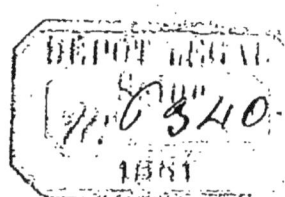

PARIS
Imprimerie de la *Société anonyme de Publications périodiques*
13, QUAI VOLTAIRE, 13

MDCCCLXXXI

AVANT-PROPOS

Le Salon qui vient de fermer ses portes présentait un nombre assez considérable de compositions conçues franchement dans le style décoratif. C'est là un fait nouveau pour nous, témoignant que l'esprit de nos artistes commence à se préoccuper du soin de s'assimiler les principes auxquels l'ancienne école française a dû sa renommée la plus incontestée et la plus durable. Ces généreuses tentatives font espérer que nous verrons bientôt refleurir un rameau desséché de notre art et que la peinture décorative aura vite regagné la faveur publique, qui s'était portée vers d'autres directions.

Le Comité directeur du Musée des Arts décoratifs, désirant appeler l'attention sur ces symptômes précurseurs d'une rénovation vers laquelle ont toujours tendu ses efforts, a pensé que le meilleur moyen à suivre pour arriver à ce résultat serait de rassembler dans une exposition spéciale un choix fait parmi les œuvres exposées dans les différentes galeries du palais des Champs-Élysées et qui n'avaient pu être étudiées suffisamment à ce point de vue particulier. Les artistes auxquels il s'est adressé se sont empressés de répondre à son appel, avec une grâce parfaite, dont on ne saurait assez leur être reconnaissant. Cette bonne volonté a permis de réunir une série nombreuse et remarquable de peintures d'art décoratif, auxquelles cette seconde exposition apportera un regain du succès qui les avait accueillies lors de leur première apparition. On y a joint, dans la sculpture, tout ce qui portait le même caractère, ainsi que les émaux, les médailles et les peintures sur porcelaine et sur faïence. C'est, à proprement parler, un salon de l'art décoratif et industriel qui vient s'ouvrir après la clôture de celui des Beaux-Arts, et qui lui a emprunté ses éléments constitutifs.

En dehors des compositions qui lui sont confiées temporairement, le Musée des Arts décoratifs expose un certain nombre de peintures et de sculptures qui lui appartiennent en propre et qui lui ont été offertes par leurs auteurs; d'autres, comme la série des œuvres de M. Galland, sont placées dans ses salles à titre permanent. Bien que ces œuvres aient figuré dans la précédente exposition de peinture et de sculpture modernes, on a cru devoir les maintenir au catalogue de cette nouvelle exposition, à laquelle elles apportent un appoint très important.

DE CHAMPEAUX.

EXPOSITION DE PEINTURE

ET

SCULPTURE MODERNE

DE

DÉCORATION ET D'ORNEMENT

I

PEINTURE

BAUDRY (Paul-Jacques),
Membre de l'Institut.
(Rue Notre-Dame des Champs, 56.)

1. *Le Printemps;*
2. *L'Automne et l'Hiver;*
3. *Le Toucher.*

Ces trois peintures ont été commandées pour être reproduites en tapisserie à la manufacture des Gobelins. Elles devaient servir à la décoration d'un salon du Palais de l'Élysée. L'architecture est de M. Diéterle, les animaux de M. Lambert, et les fleurs de M. Chabal-Dussurgey.

(Appartiennent à la Manufacture des Gobelins.)

BELLANGER (Camille),
Élève de MM. Cabanel et Bouguereau.
(Rue Boutarel, 1.)

4. *Matin et Crépuscule*, paysage décoratif.

BIN (Jean-Baptiste-Philippe-Émile),
Élève de Gosse et de L. Cogniet.
(Rue Cauchois, 11.)

5. *La Rivière le Clain;*
6. *La Rivière la Boivre*, figures décoratives faisant partie du plafond de la salle du Conseil municipal de l'hôtel de ville de Poitiers.

BISSCHOP (Christophe),
Élève de Gleyre et de M. Comte.
(A la Haye.)

7. *Cygne, entouré de faïences et de fruits, pièce de milieu d'un surtout de table,* — panneau décoratif.

BLANC (Paul-Joseph),
Élève de MM. Bin et Cabanel.
(Passage Didot, 26, Plaisance.)

8. *Le Triomphe de Clovis;* — fragment d'une composition commandée par la Direction des Beaux-Arts, pour l'intérieur de l'église Sainte-Geneviève.

BONNEFOY (Henry),
Élève de L. Cogniet.
(Rue Fontaine-Saint-Georges, 42.)

9. *Deux paysages*, panneaux décoratifs;
10. *Source sous bois*, aquarelle;
11. *Le Renard et les Raisins*, aquarelle.

BOUGUEREAU (William-Adolphe),
Membre de l'Institut, élève de Picot.
(Rue Notre - Dame - des - Champs, 75.)

12. *L'Aurore.*
(Appartient à M. S. P. Avery.)

CESBRON (Achille)
(Rue Cauchois, 15).

13. *Les Roses;*
14. *Pavots;*
15. *Géranium et Giroflée;*
16. *Raisin et Fuchsia.*

CHABAL-DUSSURGEY (Pierre-Adrien)
(Villa Alphonse Karr, à Nice, Alpes-Maritimes).

17. *Siège d'un grand Canapé,* décoré de fleurs, modèle de tapisserie exécuté pour la manufacture nationale de Beauvais.
(Appartient à l'École Nationale des Arts décoratifs.)
18. *Siège de Canapé pour le Salon bleu de l'Elysée.*
19. *Dossier de Canapé,* décoré de trophées champêtres, modèle pour la même manufacture.
(Ces deux dessins appartiennent au Musée des Arts décoratifs.)
20. *Guirlande de fruits et de fleurs,* formant encadrement autour d'un portique, modèle pour la même manufacture.

CHAPLIN (Charles)
(Rue de Lisbonne, 25).

21. *Offrande à Vénus,* esquisse;
22. *L'Age d'or,* esquisse.

COLIN (Paul-Alfred),
Élève de son père et de M. J.-P. Laurens.
(Rue de Furstenberg, 8.)

23. *Fleurs,* panneau décoratif.

COLLIN (Raphael),
Élève de M. Cabanel.
(Rue de Vaugirard, 152.)

24. *La Danse,* panneau exécuté pour le théâtre de Belfort.
(Appartient au Ministère des Beaux-Arts.)

DELANOY (Hippolyte-Pierre),
Élève de MM. Jobbé-Duval, F. Barrias, Bonnat et Vollon.
(Rue des Dames, 32, Batignolles-Paris.)

25. *Les Confitures de cerises.*
(Appartient à M. Allou.)

DELAUNAY (Jules-Élie),
Élève de H. Flandrin et L. Lamothe.
(Rue de La Rochefoucauld, 17.)

26. *Les Beaux-Arts;*
27. *La Marine;* cartons grandeur d'exécution, de deux peintures en camaïeu qui décorent la salle des séances du Conseil d'État au Palais-Royal.

DESPORTES (Francisque),
Élève de Pils et de M. Robert-Fleury.
(Rue Baudin, 30.)

28. *L'Art;*
29. *Les Lettres, les Sciences et les Arts dans l'antiquité,* projet de tapisserie pour le concours des Gobelins.

DOPFF (Théodore)
(Rue du Sentier, 28).

30. *Trois panneaux encadrés*, dessins ayant servi de modèles pour la fabrication des tissus.

(Offerts au Musée des Arts décoratifs.)

DUPAIN (Edmond-Louis),
Élève de M. Cabanel.
(Boulevard du Mont-Parnasse, 152.)

31. *Le Printemps chasse l'Hiver.*

FERRIER (Gabriel),
Élève de Pils et de M. E. Nebert.
(Rue de Laval, 26. — Avenue Frochot, 8.)

32. *Le Printemps*, panneau décoratif.

Tandis que votre âge fleuronne,
En sa plus verte nouveauté,
Cueillez, cueillez votre jeunesse,
Comme à ceste fleur, la vieillesse
Fera ternir votre beauté.
Pierre de RONSARD. — *Odes*, liv. I, ode XVII.

(Appartient à M. Secrétan.)

FRITEL (Pierre),
Élève de MM. Cabanel et A. Millet.
(Rue Mouton-Duvernet, 63.)

33. *Harmonie du soir.*

GALLAND (Pierre-Victor)
(Rue Fontaine-Saint-Georges, 25).
(Voir page 13.)

GATTICKER
(Boulevard Bonne-Nouvelle, 31).

34. *Couronne de fleurs*, dessin exécuté pour être reproduit en tissu.

(Offert par l'auteur au Musée des Arts décoratifs.)

35. *Un Cadre* de photographies, d'après des dessins pour étoffes et dentelles.

(Id.)

GILBAUT (Eugène)
(Grand hôtel Paradis, à Nice).
et à Paris, chez M. Disand, *rue du Faubourg-Poissonnière, 54.)*

36. *Raisins et Roses d'Alger.*

(Appartient au Ministère des Beaux-arts.)

GLAIZE (Auguste-Barthélemy),
Élève d'Achille et d'Eugénie Deveria.
(Rue de Vaugirard, 95.)

37. *Les premiers Pas.*

GOURDET (Pierre-Eugène),
Élève de son père.
(Cité du Vaux-Hall, 6,
et chez M.M. Bertrand et Cie, *rue Halévy, 6.)*

38. *Le Singe cosmographe*, avec instruments de géographie et de cosmographie.

GUICHARD (Joseph)
(Rue de Sévigné, 46).

39. *Bordure de tapis*, modèle destiné à être reproduit en tapisserie.

(Offert au Musée des Arts décoratifs.)

HIRSCH (Alexandre-Auguste),
Élève de H. Flandrin et de Gleyre.
(Rue Notre-Dame-des-Champs, 73.)

40. *Esquisse du plafond du théâtre des Célestins à Lyon*, incendié dernièrement.
41. *Le Printemps*, panneau décoratif.

HOURY (Charles-Borromée-Antoine),
Élève de L. Cogniet.
(Cité du Trône, 9.)

42. *La Danse*, carton peint pour le plafond du château de Gravenchon.
(Voir aux faïences, page 33.)

HUAS (Pierre)
(Rue de Châteaubriand, 11.)

43. *La fin d'un lunch.*

JACQUEMART (Jules).

44. *Deux cadres contenant cinq aquarelles*, exécutées pour servir de modèles à des travaux de marqueterie.
(Appartiennent à M. Malinet.)

KARL-ROBERT (Georges-Musnier),
Élève de M. Allongé.
(Rue Neuve-Saint-Augustin, 22.)

45. *Paysage*, grand dessin au fusain.
(Offert au Musée des Arts décoratifs.)

LAMEIRE (Charles-Joseph)
(Avenue Duquesne, 52).

46. *Apollon tenant une lyre et assis sur un trône, à ses pieds est un lion.* Grand carton exécuté pour la partie

centrale du tympan de la salle des concerts au palais du Trocadéro.

(Offert par M. Lameire au Musée des Arts décoratifs.)

LANSYER (Emmanuel),
Élève de Viollet-Le-Duc, de Courbet et de M. Harpignies.
(Quai Bourbon, 29.)

47. *Feuilles de sycomore*, aquarelle, éventail.
48. *Fleurs*, étude pour une tapisserie des Gobelins.

(Appartient à l'École nationale des Arts décoratifs.)

LE CAMUS (Louis),
Élève de MM. Bonnat et Carolus Duran.
(Boulevard de Clichy, 8.)

49. *L'Anse Saint-Laurent* (Finistère), panneau décoratif.

LECHEVALLIER-CHEVIGNARD (Edmond),
Élève de Drolling.
(Rue du Cherche-Midi, 15.)

DÉCORATION DU CHATEAU DE SAINT-ROCH.

50. *Modèle* de la tenture du grand salon du château, peinture grandeur d'exécution.
51. *Modèle* de la frise du lambris du panneau, bois sculpté.
52. *Carton* d'un vantail peint des portes du grand salon.
53. *Cartons* de deux des panneaux peints du plafond.
54. *Cinq cadres* de photographies, détails divers des décorations peintes ou sculptées du grand salon.

DÉCORATION DE LA BIBLIOTHÈQUE DE M. LE DUC DE CHARTRES.

55. Quatre cartons : *La Poésie, l'Histoire, la Science, l'Art militaire.*
56. *Quatre cadres*, contenant les compositions pour les costumes de Garin, tragédie de M. Delair.

(Appartiennent à la Comédie-Française.)

LE LIÈVRE (Maurice),

Élève de MM. Dubufe, Mazerolle, Harpignies et J.-P. Laurens.
(Rue-Notre-Dame-des-Champs, 73.)

57. *Actéon*, panneau décoratif.

LUMINAIS (Mme Hélène),

Élève de M. Luminais.
(Rue de Laval, 26, avenue Frochot, 8.)

58. *Erato*.

MACHARD (Jules-Louis),

Élève de MM. Signol et Baille.
(Rue d'Assas, 118.)

59. *Séléné*, aquarelle; esquisse réduite de la composition exécutée à la manufacture des Gobelins par M. Colin.
(Appartient à M. Darcel.)

MARTIN (François)

(Rue Bochard-de-Saron, 8).

60. *Intérieur oriental.*
(Appartient à M. J. Debrousse.)

MAZEROLLE (Alexis-Joseph),

Élève de Dupuis et Gleyre.
(Rue du Rocher, 45.)

61. *La Ville de Bercy*, esquisse peinte, grandeur d'exécution.
   Projet primé au concours ouvert par la Ville de Paris pour la décoration de la mairie du XIIe arrondissement, en 1880.
62. *Projet de plafond*, esquisse peinte en ton neutre.
63. *Projet de plafond*, esquisse peinte, réduction du précédent.

64. *La Chasse aux Papillons*, modèle d'un rideau exécuté par M. Meunier.
65. *Un panneau broderie et perles*, id.

(Ces deux modèles appartiennent à la maison de blanc Meunier et Cie.)

MERSON (Luc-Olivier),
Élève de Pils et de G. Chassevent.
(Boulevard Saint-Michel, 115.)

66. *L'Apparition de Jésus à Marie Alacoque;* carton d'une verrière exécutée par MM. Lefèvre et Bardon dans l'église de Mussy-sur-Seine (Aube).

(Appartient à M. G. Bardon.)

MILLIET (Paul),
Élève de MM. Lugardon et Gleyre.
(Boulevard Saint-Michel, 95.)

67. *Carton pour un des tympans du foyer du théâtre de Genève;* demi-grandeur d'exécution.
68. *Plafond;*
69. *Paphos, Danse de l'hyménée.*

MONTADER (Pierre-Marie-Alfred),
Élève de MM. Lefebvre et Boulanger.
(Rue Boissonnade, 1.)

70. *Printemps,* paysage décoratif.

PERRIN
(Rue du Faubourg-Poissonnière, 57).

71. *Un cadre* contenant des dessins destinés à servir de modèles pour des dentelles.

(Appartient au Musée des Arts décoratifs.)

PREUSCHEN (Baronne Herminie de),
Élève de M. Ziller.
(Avenue de Clichy, 4, et chez M. Bertaux, rue de Clichy, 58.)

72. *Evohe Bacche !* panneau décoratif.

ROSSET-GRANGER (Edouard),
Élève de MM. Cabanel, Dubufe et Mazerolle.
(Rue des Batignolles, 59.)

73. *Eros.*

> Assis au fond des bois sur un autel antique,
> Auquel ont les amants coutume de venir,
> Eros, à l'heure bleue où le jour va finir,
> Aiguise ses chansons sur son arc ironique.
> Une flèche est l'archet moqueur dont la musique
> Fait les oiseaux chanter et les humains souffrir ;
> Les êtres, à sa voix, se hâtent d'accourir,
> Et l'écho, sur les monts, lui donne la réplique.
>   G. Dubufe fils.

ROZIER (Dominique),
Élève de M. Vollon.
(Boulevard de Clichy, 34.)

74. *Armure*, peinture décorative.

RUEL (Léon),
Élève de Pils.
(Rue de la Chapelle, 49.)

75. *L'Odorat.*

SÉON (Alexandre),
Élève de l'école de Lyon, de MM. Puvis de Chavannes et Lehmann.
(Rue de Vaugirard, 99.)

76. *La Chasse.*
77. *La Pêche.*

Appartiennent à M. Vicherd.)

SÉVALLÉE (Eugène)
(Avenue du Maine, 40, et Impasse du Maine, 10).

78. *Vase* avec fruits, panneau sur fond d'or, style Louis XVI.
79. *Cérès*, figure entourée d'ornements; panneau exécuté dans le style Louis XVI.
80. *Nature morte et attributs*, panneau décoratif.
81. *Oiseaux et fruits*, frise dans le style Louis XVI.

STEINHEIL (Louis-Charles-Auguste)
(Rue de Vaugirard, 152).

82. *L'Annonciation*, carton pour un vitrail.
83. *La Légende de Sainte Catherine*, carton pour un vitrail dans le style de la Renaissance divisé en quatre parties.

VALLÉE (Etienne-Maxime),
Élève de Péguégnot.
(Quai d'Anjou, 13.)

84. *La Source*, panneau décoratif.

WAGREZ (Jacques-Clément),
Élève de Pils et de M. H. Lehmann.
(Rue Notre-Dame-des-Champs, 105.)

85. *Hésiode.*
86. *Eros.*
87. *Oreste et les Furies.*

ZUBER (Jean-Henri),
Élève de Gleyre.
(Rue de Vaugirard, 159.)

88. *Le Soir, le Jour et le Matin*, souvenirs de la Corniche; panneaux pour l'hôtel de M. Paul Mirabaud.

GALLAND (Pierre-Victor),

Elève de M. Labrouste, Drolling.

(Rue Fontaine-Saint-Georges, 25.)

NOTA. — Depuis l'ouverture du Musée des Arts décoratifs, une salle spéciale a été réservée pour l'exposition des œuvres de M. Galland, qui a bien voulu mettre à la disposition du comité directeur une suite nombreuse de peintures, d'esquisses, d'études et de dessins destinée à faire connaître au public les principes que cet artiste s'efforce de faire prévaloir dans son cours de l'École des beaux-arts.

Pour conserver autant que possible à l'exposition de M. Galland son caractère particulier, on a cru devoir placer la description des ouvrages qui la composent à la suite des peintures placées temporairement dans les salles du Musée des Arts décoratifs.

SÉRIE V

1. *La Poésie et la Science,* esquisse peinte pour un plafond. — Villa des Roses.

2. *La Naissance de Vénus,* esquisse peinte. — Palais de Saint-Cloud.

3. *Esquisse* peinte. — Id.

4. *Esquisse d'un plafond,* pour M. Mansfield, de Londres.

5. *Apollon,* figure médiane d'un grand plafond, esquisse peinte. — Hôtel de Mme de Cassin, à Paris.

6. *Les cinq Sens,* esquisse peinte au quart d'exécution, hôtel de Mme de Cassin, à Paris.

7. *Le triomphe de Vénus,* esquisse d'un plafond pour l'hôtel Continental.

8. *Photographies* des peintures exécutées pour l'hôtel du prince Narischkine, à Saint-Pétersbourg.

9. *Deux panneaux* pour la décoration de la salle à manger, esquisses peintes. — Hôtel Granval, à Marseille.

10. *La réception, la fête;* décoration du grand escalier; trois esquisses peintes. — Hôtel du prince Narischkine.

11. *Apollon et les Muses,* esquisse peinte et photographie d'après un même plafond. — Hôtel de M. Edouard André, à Paris.

12. *Esquisse* d'un plafond représentant la Guerre.

13. *Deux études de tête;* pour la prédication de saint Denis, esquisses peintes. — Église de Sainte-Geneviève.

14. *Esquisse peinte,* plafond.

15. *Paysage,* modèle de panneau pour l'escalier du palais du Sénat, devant être exécuté en tapisserie aux Gobelins; esquisse peinte.

16. *Photographies* du plafond de l'hôtel de Mme de Cassin.

17. *Quatre cadres* de photographies du plafond de l'hôtel de Mme de Cassin.

18. *Le Génie de l'Invention,* esquisse peinte.

19. *La Guerre et la Paix,* projet modifié de plafond; esquisse peinte.

20. *Deux études,* pour le même plafond; esquisse peinte.

21. *La Guerre,* projet de plafond; esquisse peinte.

22. *La Guerre,* esquisse peinte.

23. *La Naissance de Vénus,* esquisse peinte.

24. *Le Triomphe de Vénus,* composition définitive; esquisse peinte.

25. *Décoration de caisson,* esquisse peinte.

26. *Le Triomphe de Vénus; Vénus et Adonis; Vénus et Mars;* projet modifié de plafond à trois compartiments; esquisse peinte.

27. *Poissons et Gibiers*, deux panneaux de nature morte, pour la salle à manger; photographies. — Hôtel Jackson.
28. *Panneau* pour la salle de billard.—Hôtel de Mme Cail.

COMPOSITIONS DIVERSES

29. *La Renaissance*, grande peinture décorative.
    (Offerte par l'auteur au Musée des Arts décoratifs.)
30. *Composition* pour un plafond, esquisse peinte.
31. *Fête vénitienne*, projet de décoration, esquisse peinte.
32. *Esquisse* peinte.
33. *Femme jouant avec des enfants*, projet de plafond non exécuté, esquisse peinte.
34. *Diane*, motif non exécuté, pour un grand panneau de salle à manger, esquisse peinte.
35. *Le Marchand de poissons à Londres*, tableau non terminé.
36. *Le jour des Cuivres en Hollande*, tableau en cours d'exécution.
37. *Vingt-six cadres* renfermant des études d'après nature et des esquisses ayant servi à l'exécution des peintures de M. Galland.
38. *Quatre pilastres*, disposés en forme de cadres, renfermant des études et des projets de décoration.
39. *Projet de plafond*.

CADRES DES SOUBASSEMENTS
SÉRIE X

1. *Etudes de plantes ornementales*.
2. *Projets pour voussures*, Londres.

3. *Etudes de plantes ornementales* et projets de publication.
4. *Motifs d'enfants* pour M. Margeribent de Londres, et divers.
5. *Interprétation de la Flore* au point de vue architectural et ornemental.
6. *Interprétation de la Flore* et compositions.
7. *Croquis* pour plafonds.
8. *Croquis*, compositions d'enfants.
9. *Etudes de fleurs.*
10. *Croquis de figures* pour plafonds.
11. *Esquisses* pour médaillons en grisailles.
12. *Promenades*, croquis de paysage, impressions.
13. *Promenades au bord de la Seine*, impressions.
14. *Etudes de paysage*, impressions.
15. *Paysages*, impressions.
16. *Paysages*, impressions.
17. *Paysages*, impressions.
18. *Diane et Endymion*, esquisse pour l'hôtel de maître Cléry.
19. *Esquisses*, projets pour l'hôtel Continental.
20. *Esquisse* pour plafond, hôtel Continental.
21. *Paysages* et architecture décorative.
22. *Croquis de figures.*
23. *Esquisse* pour plafond.
24. *Croquis* pour une décoration chez M. Mathews, de New-York.
25. *Esquisse* pour un plafond chez Mme de Cassin, à Paris; modifiée.

26. *Esquisses* pour plafonds.
27. *Esquisses* pour plafonds.
28. *Etudes de fleurs.*
29. *Croquis* pour décoration de portes.
30. *Croquis* pour décoration de portes.
31. *Esquisse* disposée en vue de la décoration de l'escalier du palais du Sénat.
32. *Esquisses de figures* et projet de publication.
33. *Projets* de publication.
34. *Croquis d'enfants* pour plafonds.
35. *Esquisse* pour la salle de billard. — Hôtel de Mme Cail.
36. *Esquisse* de plafond, pour Mme de Cassin.
37. *Esquisses d'enfants*, panneaux pour M. Torrence, de New-York.
38. *Esquisses* pour plafond, hôtel de M. Garfounkel, Paris.
39. *Projets* pour l'hôtel Continental, études.
40. *Croquis d'enfants* d'après nature.
41. *Esquisses* de plafonds pour le duc de Buccleugh et pour M. Pigny, architecte.
42. *Esquisses* de plafonds.
43. *Esquisses*, plafond de l'hôtel Continental.
44. *Esquisses* pour coloris d'enfants.
45. *Peinture*, hôtel du prince Narishkine, à Saint-Pétersbourg.
46. *Figures*, études pour plafonds.
47. *Esquisses* de plafonds.
48. *Esquisses* pour panneaux, et publication.
49. *Coloration de figures* dans le paysage, esquisses, notes d'effets.

50. *Etudes de fleurs* pour les panneaux de l'Élysée.
51. *Médaillons* en camaïeu, esquisses pour angles de plafond chez M. Brassey, de Londres.
52. *Esquisses* en camaïeu pour panneaux et dessus de portes.
53. *Etudes de fleurs*.
54. *Esquisses* pour plafonds.
55. *Croquis*.
56. *Esquisses* pour quatre camaïeux, plafond. — Hôtel de M. Séligman.

SÉRIE Z

1. *Esquisse* pour un grand vestibule (*les Préparatifs d'une fête*).
2. *Esquisse* pour un grand panneau de salle à manger (*Vénus et Adonis*).
3. *Esquisse* de dessus de cheminée pour l'hôtel de M. Pigny (*le Triomphe des Arts*).
4. *Esquisse* d'un tableau (*Une Patricienne au bain, Venise*).
5. *Diane de Poitiers au bain*.
6. *Esquisse* pour plafond.
7. *Motifs d'enfants* pour plafond.
8. *Paysages*, impressions.
9. *L'Infante*, esquisse d'un tableau.
10. *Esquisses*, deux scènes de famille.
11. *Bords de la Seine et du Canal*, impressions.

II

SCULPTURE

—

BERNHARDT (Mlle Sarah),
Élève de M. Mathieu Meusnier.
(Avenue de Villiers, 41.)

89. *Ophélie*; bas-relief, marbre.

BOHN (Léon),
Élève de J. Debay.
(Passage des Favorites, 29.)

90. *Vase décoratif.* — Modèle en plâtre destiné à être exécuté en marbre ou en pierre.

Médaille d'argent décernée par l'Union centrale (Exposition du métal, 1880.)

BOURGEOIS (Charles-Arthur, baron),
Élève de Duret et de M. Guillaume.
(Rue Servandoni, 24.)

91. *Sphinx*, modèle en plâtre, devant être exécuté en bronze.

Destiné à la décoration d'un monument funèbre, élevé à Bruxelles, en l'honneur des soldats français tués pendant la guerre. — M. Grant, architecte.

CHATROUSSE (Émile),
Élève de Rude.
(Boulevard d'Enfer, 57.)

92. *L'Industrie*, terre cuite. Modèle d'une statue commandée par l'État pour le palais du Trocadéro.

CHOISELAT (Ambroise),
Élève de Klagmann et d'Eugène Lamy.
(Avenue d'Eylau, 127.)

93. *Charles Lebrun*, modèle, pour le bronze, d'un médaillon destiné à former la décoration d'une paroi murale. Plâtre bronzé.

(Offert au Musée des Arts décoratifs.)

DUBOIS (Paul),
Membre de l'Institut. — Élève de Toussaint.
(Rue Bonaparte, 14, à l'École des Beaux-Arts.)

94. *Le Chanteur florentin*, réduction en bronze de la statue du Musée du Luxembourg.
95. *Le Courage militaire.*
96. *La Charité.*

Réductions en bronze des statues faisant partie du tombeau du général Lamoricière, dans la cathédrale de Nantes.

(Appartiennent à M. Barbedienne.)

ETEX (Antoine)
(Rue Carnot, 2).

97. *Bas-reliefs de l'arc de triomphe de l'Étoile*, première pensée pour les trophées qui figuraient dans le projet primitif; plâtre.

FOURQUET (Léon),
Élève de M. Jouffroy.
(Rue des Fourneaux, 36.)

98. *Flore,* statuette en plâtre.

GAUTHIER (Charles),
Élève de M. Jouffroy.
(Rue d'Odessa, 7.)

99. *Quatre Anges* (terre cuite), modèles exécutés en bronze pour le maître-autel de la Trinité.

(Deux de ces statuettes appartiennent à l'École nationale des Arts décoratifs; les deux autres à la Ville de Paris.)

100. *La Ville de Paris,* modèle d'une figure en pierre pour la façade de la maison des Drapiers, hôtel Carnavalet; terre cuite.

101. *Deux Cariatides,* modèles exécutés en pierre pour la même façade; terres cuites.

102. *Enfants sur des dauphins,* modèles exécutés en pierre pour la même façade; terres cuites.

(Ces esquisses appartiennent à la Ville de Paris.)

GAUTHERIN (Jean),
Élève de Gumery et de MM. A. Dumont et P. Dubois.
(Rue d'Assas, 84.)

103. *L'Industrie des tissus,* réduction en plâtre d'une statue qui décore le pourtour du Trocédero.

GÉROME (Jean-Léon),
Membre de l'Institut. Élève de Paul Delaroche.
(Boulevard de Clichy, 65.)

104. *Les Gladiateurs,* groupe en bronze.

GUILLAUME (Claude-Jean-Baptiste-Eugène)
Membre de l'Institut. Élève de Pradier.
(Boulevard Saint-Germain, 238.)

105. *La Librairie*, modèle en plâtre bronzé, grandeur d'exécution, du bas-relief qui décore la porte d'entrée de la librairie Ch. Delagrave.

(Appartient à M. Ch. Delagrave.)

HAREL (Amand-Pierre),
Élève de Perraud, Carpeaux et de M. Aimé Millet.
(Rue du Point-du-Jour, 97, Paris-Auteuil.)

106. *J.-B. Carpeaux*, buste, marbre.

(Appartient à l'École nationale des Arts décoratifs.)

LANSON (Alfred),
Élève de MM. A. Millet et Jouffroy.
(Rue Boissonnade, 12.)

107. *L'étude*, modèle de terme, plâtre.

LEGRAIN (Eugène)
(Rue Guy de la Brosse, 2).

108. *Modèle de cheminée* monumentale à deux corps, de style Renaissance, supportée par des consoles ornées de mufles de lions et de guirlandes.

La partie supérieure est composée de deux pilastres et d'un entablement à corniche, moulures et coquilles dorées encadrant un panneau polychrome en faïence ; sur un fond de carreaux losangés bleus à palmettes se détache un médaillon circulaire renfermant un buste de femme en relief.

(Offert au Musée des Arts décoratifs.)

109. *Dix mascarons*, moulage de ceux qui ornent la cascade du palais du Trocadéro.

(Offerts au Musée des Arts décoratifs.)

MERCIÉ (Antonin),
Élève de MM. Geoffroy et Falguière.
(Rue du Val-de-Grâce, 18.)

110. *Gloria victis*, réduction en bronze du groupe décorant le square Montholon.

(Appartient à M. Barbedienne.)

MEUNIER (Louis),
(Rue Humboldt, 25).

111. *Buste du peintre Perrin*, directeur de l'Ecole nationale des Arts décoratifs; marbre.

(Appartient à l'École nationale des Arts décoratifs.)

MOREAU (Mathurin),
Élève de Ramey et de M. Dumont.
(Rue de Romainville, passage du Monténégro, 15.)

112. *L'Amour* présente à boire à Vénus, groupe; modèle en bronze.
113. *La Toilette*, femme nouant ses cheveux, esquisse en bronze.

MOREAU-VAUTHIER (Augustin-Jean),
Élève de M. Toussaint.
(Rue Notre-Dame-des-Champs, 70 bis.)

114. *Le Pifferaro*, réduction en plâtre de la statuette appartenant à M. le baron Gérard;
115. *L'Amour*, esquisse en plâtre de la statuette exécutée en ivoire avec mélange d'or, d'argent et de pierres fines, pied en onyx, ornements en or et en argent;
116. *La Fortune*, réduction en plâtre de la statue de bronze décorant le palais de l'Élysée.
117. *Sainte-Geneviève*, statue en plâtre, modèle de celle exécutée en pierre pour l'église Saint-Joseph.

(Commande de la Ville de Paris.)

PIAT (Frédéric-Eugène)
(Boulevard Picpus, 81).

118. *Fontaine à parfums,* style du xive au xve siècle; argent et émail.

ROBERT (Eugène),
Élève de M. Mathurin Moreau.
(Rue Bichat, 16).

119. *Vase représentant, en bas-relief, des scènes de la vie champêtre;* bronze.
(Appartient à MM. Thiébaut, frères, fondeurs.)

ROBERT (frères),
Élèves de M. Mathurin Moreau.
(Rue Bichat, 16).

120. *Frise époque Louis XVI, avec enfants;* dessin.
(Appartient à M. Victor Paillard.)
121. *Trophées de style grec,* deux esquisses, dessin.
122. *Modèle d'émail* pour la décoration d'un meuble, deux esquisses.
123. *Motif de fleurs* pour un émail cloisonné, aquarelle.
124. *Guéridon style grec,* modèle pour l'exécution en marbre et en vieil argent, dessin grandeur d'exécution.
125. *Une coupe,* modèle en plâtre.
126. *Une jardinière Louis XVI,* dessin au crayon rouge.
127. *Une pendule Louis XIV,* pour bois et bronze, dessin colorié.
128. *Trois torchères,* dessin sur papier blanc.
129. *Un chenet renaissance,* modèle en plâtre.
130. *Un chenet salamandre,* modèle en plâtre.

131. *Projet d'entrée* d'escalier de monument, modèle en plâtre.
132. *Une esquisse de torchère*, femme, modèle en plâtre.
133. *La Poésie*, esquisse de statue, modèle en plâtre.

SÉDILLE (Paul),
Élève de J. Sédille et de M. Guénépin.
(*Boulevard Malesherbes, 28.*)

134. *Couronnement* au dixième d'exécution, de la porte des Beaux-Arts à l'Exposition universelle de 1878; la sculpture a été exécutée par M. Allard, statuaire; modèle en plâtre.
135. *Tête d'Atlante* servant de clef de porte, grandeur d'exécution. Modèle en plâtre par M. Ch. Gauthier, statuaire.
136. *Grand Cartouche*, modèle en plâtre, grandeur d'exécution.
137. *Guirlande*, modèle en plâtre, grandeur d'exécution.

(*Ces modèles ont été offerts au Musée des Arts décoratifs.*)

SIMART (Pierre-Charles),
Membre de l'Institut; élève de Pradier et de Ingres; mort en 1857.

138. *La Philosophie*, esquisse, bronze.

(*Appartient à M. Lechevallier-Chevignard.*)

TESSIER
(*Rue Diderot, 11*).

139. *Une Gaine d'horloge*, style Louis XVI. modèle en plâtre.

(*Offert au Musée des Arts décoratifs.*)

THOMAS (Gabriel-Jules),
Membre de l'Institut. Élève de Ramey et de M. A. Dumont.
(Rue Notre-Dame-des-Champs, 73.)

140. *Le Commerce et l'Industrie*, deux cariatides exécutées pour la grande porte d'entrée du passage du Commerce sur le boulevard Saint-Germain. Modèles en plâtre.

III

GRAVURE EN MÉDAILLES

BOVY (Antoine).

141. *Médaille commémorative de la construction des Halles centrales*, bronze.

(Don de la Ville de Paris au Musée des Arts décoratifs.)

CHAPLAIN (Jules-Clément),
Élève de MM. Jouffroy et Oudiné.
(Rue Notre-Dame-des-Champs, 36.)

Un cadre contenant :

142. *Médaille offerte aux lauréats du Conservatoire de musique et de déclamation*, modèle en plâtre,

(Ministère de l'Instruction publique et des Beaux-Arts.)

143. *Médaille destinée à récompenser les soins apportés aux enfants du premier âge*, modèle en plâtre.

(Ministère de l'Intérieur.)

144. *Médaille commémorative de la construction de l'église Saint-Ambroise*, bronze.

(Don de la Ville de Paris au Musée des Arts décoratifs.)

DEGEORGE (Charles-Jean-Marie),
Élève de H. Flandrin, Duret et de M. Jouffroy.
(Rue d'Assas, 68.)

145. *Médaille commémorative de la construction de l'église Saint-Pierre de Montrouge*, bronze.

(Donnée au Musée des Arts décoratifs par la Ville de Paris.)

DUBOIS (Alphée),
Élève de Barré et Duret.
(Rue Mazarine, 37.)

Un cadre contenant :

146. 1° *Médaille pour le concours des facultés de droit;* avers, cliché, bronze.

147. 2° *Médaille commémorative de la proclamation de la République;* avers, modèle en bronze.

(Ministère de l'Instruction publique et des Beaux-Arts.)

148. *Médaille à l'effigie de M. Milne-Edwards,* modèle et cliché bronze, avers et revers.

(Pour l'Académie des Sciences.)

149. *Médaillon à l'effigie de M. H. Chapus.*

DUPUIS (Daniel),
Élève de Farochon et de M. Cavelier.
(Rue Desrenaudes, 8, boulevard de Courcelles.)

150. *Médaille commémorative de la construction de l'église Saint-Joseph*, bronze.

(Don de la Ville de Paris au Musée des Arts décoratifs.)

MERLEY (Louis),
Élève de David d'Angers, Galle et Pradier.
(Rue de Penthièvre, 34).

151. *Médaille commémorative de la construction du marché aux bestiaux et des abattoirs généraux de la Villette*, bronze.

(Don de la Ville de Paris au Musée des Arts décoratifs.)

IV

ÉMAUX — FAIENCES PORCELAINES

ARNOUX (L. A.).

152. *L'Art couronnant la Céramique et la Sculpture*, émail.

(*Appartient à l'Union Centrale.*)

BELVILLE (Henri)
(*Rue Raynouard, 30*).

153. *La Vierge aux anges*, grande mosaïque en verres de couleur, d'après Cimabué.

(*Offerte par l'auteur au Musée des Arts décoratifs.*)

154. *La Vierge et l'Enfant Jésus*, sujet tiré de la chapelle San Zeno, à Sainte-Praxille, à Rome, et exécuté en mosaïque d'après une aquarelle de M. Hébert.

BOUQUET (Michel)
(*Rue de La Rochefoucauld, 56*).

155. *Barques à foin*, peinture faïence sur émail cru.

(*Offerte au Musée des Arts décoratifs.*)

156. *Paysage en Bretagne*, peinture faïence, sur émail cru.
157. *Le Chemin creux*, peinture faïence sur émail cru.
158. *L'Aurore*, d'après Solon, peinture ovale sur porcelaine.
159. *Paysage*, grand plat en faïence sur émail cru.

> Le médaillon central est de M. Michel Bouquet et la bordure de M. Rudhart.

160. *Paysage, assiette en faïence* sur émail cru.

BOURDERY (Marie-Gabriel-Louis)
Élève de M. Gérôme.
(Rue des Combes, 1, à Limoges, Haute-Vienne).

161. *Une ancienne procession en Flandre*, peinture sur émail.
162. *Un vieil atelier d'émailleur à Limoges*, peinture sur émail.

COLLAS (Mlle Elise),
Élève de Mᵐᵉ Apoil.
(Rue de la Paroisse, 64, à Versailles.)

163. *Fleurs*, émail.
164. *Ecce homo*, d'après Murillo, émail.
165. *Mater dolorosa*, id., émail.

DAMMOUSE (Edouard)
(Rue Lecourbe, 192).

166. *Un panneau décoratif*, formé de carreaux rectangulaires en porcelaine.

> Décoration polychrome en pâte d'application sous émail au grand feu avec rehauts d'or.

167. *Plat orné d'arabesques*, peinture sur porcelaine sous émail au grand feu avec rehauts d'or.

> *(Appartient à M. Engel-Gros.)*

DECK (Théodore)

(Rue de Vaugirard, 271, et passage des Favorites, 20.)

168. *Grande Jardinière*, sur panneau d'applique, formé de carreaux en faïence émaillée.

    Décoration polychrome exécutée sous couverte d'après les dessins de M. Reber.

168 bis. *Bacchanale d'enfants*, frise peinte sur faïence, par M. J. Legrain.

DOAT (Taxile).

Élève de M. Dumont.

(Rue Bonaparte, 28.)

169. *La lampe éteinte.*
170. *L'A, B, C.*
171. *Les Étoiles filantes.*
172. *La Mine.*
173. *Le Puits d'amour.*
174. *L'Amour enchaîné.*

    Plaques d'émaux sur porcelaine.

DONZEL (Charles).

(Rue des Martyrs, 29).

175. *Cadre* contenant diverses compositions pour la décoration d'un service exécuté par M. Pouyat et commandé par M. Ch. Delagrave.

    Offert par M Charles Donzel au Musée des Arts décoratifs.)

FLICK (Félix),

Élève de Pils et de MM. Marchol et Devilly.

(Rue Laugier, 4.)

176. *Le duc François de Guise, approchant de la ville de Metz, salue la cité qu'il va défendre* (1552), faïence.

HOURY (Charles-Borromée-Antoine),

Élève de Léon Cogniet.

(Cité du Trône, 9.)

177. *La Musique*, faïence peinte pour le plafond du château de Gravenchon.

(Voir aux peintures, page 7.)

JEAN (Georges),

Élève de MM. D. Maillard et Topart.

(Rue du Cygne, 17.)

178. *Costume allemand* (xvie siècle), peinture sur porcelaine.

JOUVE (Auguste),

Élève de M. Guichard.

(Boulevard Saint-Jacques, 16.)

179. *Tête de comte palatin*, peinture sur lave émaillée.

(Appartient au Musée des Arts décoratifs.)

LACOSTE (Cheveu),

Élève de Léon Cogniet.

(A Vierzon, Cher.)

180. *Gardeuse de vaches;* — *Gardeuse de chèvres*, deux cartons peints à l'aquarelle rehaussée de gouache, pour l'emploi des pâtes céramiques au grand feu.

LŒBNITZ (Jules)

(Rue Pierre-Levée, 4.)

181. *Grand vase ovoïde* en faïence, décor de style persan, exécuté sur les dessins de M. Paul Sédille.

(Offert au Musée des Arts décoratifs.)

MEYER (Alfred),

Élève de Picot et de M. E. Lévy.

(Boulevard de Strasbourg, 78, à Nogent-sur-Marne.)

182. *Portrait de Pic de la Mirandole*, émail.

(Appartient à M. Labiche).

183. *Portrait de condottière*, d'après Antonello de Messine, émail.

(Appartient à l'Union centrale des Beaux-Arts appliqués à l'Industrie.)

184. *Christ en croix*, émail.

(Appartient au Musée des Arts décoratifs.)

NOEL (Gustave),

Élève de son père et de Beaume.

(Boulevard Malesherbes, 112.)

185. *Vue de Venise*, peinture sur faïence.
186. *Un coin de Pierrefonds*, peinture sur faïence.
187. *Paysage, effet d'orage à Sarzeau (Morbihan)*, peinture sur faïence au grand feu.

(Ces trois peintures ont été offertes par l'auteur au Musée des Arts décoratifs.)

NUGENT (Mlle Marie de),

Élève de M. Lepec.

(Rue de Chabrol, 18, et rue François-Henri, 5, au Pré Saint-Gervais.)

188. *Margarita bella*, émail.

PFLUGER frères (Louis-Charles et Marcus),

(A Lausanne, Suisse.)

189. *Cinq plats en faïence à reliefs, au grand feu sous émail, réunis dans un cadre.*

PICARD (Mme Marie-Catherine),
Élève de M. Math. Picard.
(Avenue Richerand, 14).

190. *Japonaise*, faïence.

PICARD (Mathurin),
Élève de M. Lequien fils.
(Quai Jemmapes, 36.)

191. *Japonais*, faïence.

POPELIN (Claudius),
(Rue de Téhéran, 7).

192. *Portrait de Pic de la Mirandole*, émail.

(Appartient à l'Union centrale.)

SOYER (Théophile),
Élève de M. Yvon et Levasseur.
(Rue Saint-Sauveur, 4 bis.)

193. *Vénus*, émail.

THESMAR (André-Fernand),
Élève de MM. Tournier et Genty.
(Rue Montrozier, 25, à Neuilly-sur-Seine, Seine).

194. *Un Captif*, émail.
195. *Tête étude*, émail cloisonné et limousin.
196. *Coupe*, volubilis fond bleu, émail.
197. *Coupe*, fuchsia et papillon fond jaune, émail.
198. *Coupe Anna*, fond jade, émail.
199. *Coupe Marie*, fond or, émail.

— 36 —

200. *Coupe* mésanges, fond bleu, émail.

201. *Coupe* mésanges et feuilles de ronces, fond bleu, émail.

(Appartient au Musée des Arts décoratifs.)

TRAIN (Eugène)

(Rue de Vaugirard, 75).

202. *Deux cadres* contenant les esquisses à l'aquarelle d'un autel destiné à l'église Saint-Augustin, exécuté en orfèvrerie, par M. Chertier.

200. Coupe adronymes, fond bleu, émail.

201. Coupe indigènes et tatines de rocage, fond bleu, émail.

(épreuve unique de la clownerie)

ALIAS (Frédéric)

Né le 11 août 1879.

202. *Mort* à Lure, exécutant les exploits à l'aquarelle d'un seul trait; d'après Saint-symphorien, ouvrage en chromo, par M. Charton.

Paris. — Imprimerie P. Mouillot, 13, quai Voltaire. — 22234.

www.ingramcontent.com/pod-product-compliance
Lightning Source LLC
Chambersburg PA
CBHW060953050426
42453CB00009B/1176